PASCALE LECONTE

Introverti – Extraverti

Comprendre leurs fonctionnements,
leurs différences

Couverture : MARTIN TRYSTRAM

© 2023 Pascale Leconte, Martin Trystram
Édition : BoD - Books on Demand, info@bod.fr
Impression : BoD - Books on Demand,
In de Tarpen 42, Norderstedt (Allemagne)
Impression à la demande
ISBN : 978-2-3225-0570-8
Dépôt légal : Novembre 2023.

PRINCIPE DE BASE

Extraverti

Les extravertis se ressourcent en étant avec d'autres personnes.
Nous parlerons de « batteries sociales » qui se rechargent en présence d'autrui.
Seules chez elles, les personnes extraverties se sentent vides, esseulées, leur vie est presque dénuée de sens. Cette solitude peut même les angoisser, certains l'évitent à tout prix.
Aussi, les extravertis aiment partager ce qu'ils vivent et éprouvent au moment où ils le vivent et même après. Ils adorent exprimer leurs ressentis, leurs passions, leurs connaissances car ces moments de discussion les épanouissent.
Le maître mot des extravertis est « *PARTAGER* ».

Introverti

Les introvertis se ressourcent en étant seuls, loin des autres.
Leurs « batteries sociales » se vident très rapidement en présence des gens, car être en relation, en communication ou même simplement à côté d'individus, les épuise physiquement et mentalement.
La vie en collectivité, le contact avec les autres est une véritable épreuve pour les gens introvertis, certains évitent de passer trop de temps avec d'autres personnes.
Aussi, les introvertis savourent leurs émotions et leurs ressentis en silence et dans l'introspection. Soit ils sont carrément incapables de partager cela avec autrui, soit ils éprouvent une trop grande fatigue émotionnelle et physique lorsqu'ils doivent exprimer oralement ce qui les traverse intérieurement.
Le maître mot des introvertis : « *RESSENTIR* ».

DEVISE

Extraverti

« *Mieux vaut être mal accompagné que seul !* »
Mise en garde pour les extravertis : Faites attention tout de même de ne pas accepter n'importe qui dans votre cercle d'amis sous prétexte d'éviter la solitude. Certaines personnes toxiques vous feront plus de mal que de bien. Elles sont à repérer et à éloigner de votre quotidien.

Introverti

« *Mieux vaut être seul que mal accompagné.* »
Et selon eux, il vaut d'ailleurs même mieux être seul qu'accompagné, tout simplement.
En d'autres termes : la solitude est votre meilleure alliée, votre amie la plus sincère et dévouée.

SOCIÉTÉ

Extraverti

Nous vivons dans une société d'extravertis ! Être extraverti et constamment entouré d'amis et de copains semblent être la voie à suivre pour être considéré comme « normal ».

Les médias ont trouvé des surnoms plutôt dénigrants, voire insultants, pour décrire les personnes qui préfèrent rester chez elles la majeure partie du temps : geek, asocial, ermite dans sa grotte, solitaire…

C'est pourquoi lorsque le confinement du covid est arrivé, la plupart des gens parfaitement adaptés au mode de vie actuel se sont effondrés et étaient perdus face à tant de solitude imposée.

Ce ne fut pas le cas des introvertis, bien au contraire.

Introverti

Nous sommes dans une société qui prône le mode de vie des extravertis. À tel point qu'on pourrait penser que seuls les gens extravertis existent… Or, il y a une grande partie de la population qui fonctionne à l'opposé des extravertis : il s'agit des introvertis. Ceux-là sont rarement cités dans les films, les romans, les modèles de réussite sociale. En tout cas, ils sont souvent perçus de manière négative. D'ordinaire, il faut avoir des amis en abondance, il faut aller boire un verre après le travail, il faut aller en boîte, au restaurant ou en soirée avec des potes. Plus vous voyez de gens, plus vous semblez être en parfaite santé psychologique.

Au contraire, plus vous vivez « reclus » chez vous, plus vous êtes suspectés d'être déprimés, moroses ou anormaux. Jusqu'au jour où la pandémie est apparue et où vous avez pu et même été forcé de rester chez vous durant de nombreuses semaines ! Si vous étiez sans enfant (et célibataire), cela a peut-être été les plus belles semaines de votre vie (excepté l'angoisse véhiculée par les médias).

Pendant ce temps, les personnes extraverties vivaient un enfer indescriptible, surtout celles qui vivaient seules. Cette société extravertie n'était pas préparée à basculer en mode « introversion » du jour au lendemain et pendant si longtemps. Vous, oui, vous avez toujours été prêts.

INCONVÉNIENTS

Extraverti

Vous avez toujours besoin des autres. Vous êtes en perpétuelle quête de rencontres, de copains, de collègues sympas, de rapports humains et d'échanges.
Cela vous oblige à rester en contact de manière presque permanente avec les autres. Vous êtes tributaires de l'écoute, de la présence et de la disponibilité des gens.
Alors, un petit effort pour rester chez vous de temps à autre afin d'apprivoiser votre solitude et, même, d'apprendre à l'aimer.
Cela vous offrira une liberté toute neuve : celle de ne dépendre de personne car vous apprécierez votre solitude.

Introverti

Si vous ne vous forcez pas un minimum, vous pourriez vous « enfermer » dans votre solitude. Vous êtes tellement bien seul chez vous en compagnie de vous-mêmes, que vous pourriez rester ainsi toute votre vie ou, en tout cas, la majeure partie de votre existence.

Pourtant, nous sommes des êtres humains, la socialisation, le partage, la tendresse, les échanges affectifs de toutes sortes sont les bases de notre humanité.

Si vous n'y prenez pas gaffe, vous risquerez de vous retrouver seul même lorsque vous avez besoin ou envie de voir d'autres personnes. Passer du temps en compagnie de vos amis vous épuise, certes, mais l'amitié est vitale pour l'être humain sensible que vous êtes.

Alors, un petit effort pour sortir de votre cocon.

AVANTAGES

Extraverti

Vous êtes toujours bien entourés et bien accompagnés. Vous trouverez facilement quelqu'un pour aller boire un verre avec vous, sortir en ville, passer un week-end à l'étranger, un séjour à la mer ou à la montagne.
S'il vous arrive un coup dur, vous serez soutenus par de nombreuses personnes prêtes à vous remonter le moral.
Un déménagement ? Un coup de main pour vous aider à réparer votre vélo ou votre ordinateur ? Vous trouverez certainement « votre sauveur » dans votre entourage. Et vous parviendrez même à transformer cet atelier réparation ou ce déménagement en une superbe session de rigolade et de bonne humeur !

Introverti

Vous êtes libres ! Vous n'avez besoin de personne pour être bien chez vous ou à l'extérieur. Une envie de partir en week-end dans une ville à l'étranger ? Un besoin d'aller se ressourcer dans la forêt ou de respirer l'air marin du littoral ? Hop ! Vous partez, sans prévenir personne ni avoir besoin de compagnie. Vous faites ce que vous voulez, quand et de la manière dont vous le voulez. Elle est pas belle la vie ? Quelle liberté !

LES A PRIORI

Extraverti

La société a des a priori sur les personnes extraverties : à trop vouloir faire la fête, on pourrait les penser superficiels. Leur besoin des autres pourrait aussi donner l'impression qu'ils papillonnent et refusent de prendre des responsabilités.

La société compare leur comportement à de grands enfants qui passent leur temps à boire entre amis et manquent de sérieux.

Pourtant, les extravertis aiment véritablement les gens.

Ils ne sont pas des « m'as-tu-vu » et n'ont pas besoin d'être toujours au centre de l'attention.

En outre, ils peuvent se révéler très profonds et sincères.

Introverti

La société a des a priori sur les personnes introverties : à trop rester chez elles, on pourrait les penser asociales et misanthropes. Leur besoin de solitude peut être perçu comme un sentiment de supériorité, de la froideur hautaine, un caractère compliqué et ennuyeux.
Alors qu'ils sont juste plus réservés, solitaires et discrets.

ENFANCE

Extraverti

Vive les copains ! Après les cours, le mercredi après-midi ou le week-end, dès que vous le pouvez, vous invitez des amis ou vous acceptez leur invitation. Même les enfants des voisins sont une parfaite occasion d'aller jouer dans la rue plutôt que de rester seul chez vous.
Au début des vacances d'été, certains extravertis sont déprimés… Deux mois sans voir les copains à l'école, cela leur semble insupportable et d'un ennui certain !
Vos meilleurs souvenirs d'enfance : les anniversaires où une dizaine de copains étaient invités à passer l'après-midi ensemble. Les rires, les jeux et toute cette bonne humeur entre amis, cela ressemblait au paradis.

Introverti

Vous adorez rentrer de l'école et filer dans votre chambre. Ainsi, vos folles histoires de poupées ou de petits bonhommes en jouet peuvent commencer ! Votre imaginaire est débordant et vous avez mille histoires à faire vivre à vos figurines préférées.

Vos meilleurs souvenirs d'enfance : les heures à imaginer les aventures de vos doudous, à fabriquer des habits, des repas en pâte à modeler pour vos poupées, à réaliser des statuettes en plâtre, des bracelets de perles et tant d'autres activités créatives et ludiques. Quel monde intérieur foisonnant !

LES ENFANTS

Extraverti

Les enfants extravertis aiment passer du temps ensemble, avec leurs parents, leurs frères, sœurs, leurs amis, voisins ou cousins. L'idéal étant de faire des jeux de société ou des balades dans la nature accompagnés de leurs proches.
Parents, veillez à régulièrement offrir ces moments conviviaux et de partage à votre enfant extraverti. Ce genre d'activités renforcera vos liens avec lui et sa confiance en lui et en vous.

Introverti

Les enfants introvertis aiment passer du temps au calme, dans leur chambre s'ils en possèdent une pour eux seul. Parents, veillez à proposer à votre enfant introverti une pièce à l'écart du reste de la famille, surtout s'il n'a pas de chambre personnelle. Ainsi, votre enfant pourra y trouver un refuge pour se ressourcer et se déconnecter des autres le temps nécessaire à recharger ses « batteries sociales ».

À L'ÉCOLE

Extraverti

À l'école, l'enfant extraverti aime papoter avec son voisin, mais il apprécie aussi de participer activement en classe en répondant aux questions du professeur ou en lançant des blagues pour animer la classe.
L'enfant extraverti est très à l'aise au cours de présentations orales, de lecture à voix haute ou de récitation d'un poème. Certes, il peut avoir un peu le trac, mais il sait le surmonter aisément.

Introverti

À l'école, l'enfant introverti est plutôt réservé, dans un coin ou à l'arrière de la classe afin de se rendre invisible aux yeux du professeur. Le pire pour lui serait d'être interrogé par surprise et qu'il doive répondre à voix haute, même s'il connaît la réponse, il perdra tous ses moyens en raison de la panique totale qui l'envahit à cet instant.
Passer devant la classe pour réciter une leçon ou présenter son travail à l'oral relève d'un véritable supplice pour l'enfant introverti : tous les regards braqués sur lui le terrorisent, lui font monter le rouge aux joues, le font bégayer ou le rendent sujet à un fou rire malvenu !
Par contre, l'introverti se révèle être très bon public quand l'un des élèves de la classe fait une remarque avec humour.

ÊTRE PARENT

Extraverti

Le parent extraverti sera idéal pour proposer et animer des jeux de société, des sorties en pleine nature, du sport, de la natation ou l'organisation de fêtes avec une ribambelle d'invités.
Il poussera toujours sa famille à quitter le cocon familial, à partir à l'aventure, à rencontrer d'autres personnes de tout âge.
Selon lui, la vie se vit à l'extérieur et en pleine action !

Introverti

Le parent introverti sera idéal pour instaurer un climat bienveillant et confortable dans le foyer familial. Il aime organiser des ateliers de dessin, de cuisine, des temps calme de jeux en autonomie ou de lecture.
Il aime aussi proposer une séance de cinéma à la maison, avec pop-corn fraîchement fabriqué et un bon dessin animé à regarder en famille quand il fait froid dehors ou quand les enfants sont trop fatigués pour des jeux turbulents.
Il adore faire découvrir des films, des livres, des bandes dessinées ou des histoires lues sur CD, ainsi les enfants apprennent à se gérer calmement et affûtent leur culture générale.
Selon lui, la vie se contemple et s'apprécie en douceur.

ANNIVERSAIRE ENFANT

Extraverti

L'anniversaire idéal pour un enfant extraverti est d'inviter une dizaine de copains de son âge dans un vaste jardin (ou parc) pour rire, courir et jouer à des jeux de plein air.
Les enfants s'amuseront si les parents organisent des activités toutefois, s'ils sont autonomes et libres de gérer leurs propres jeux, tout se passera très bien aussi. N'hésitez pas à mettre à leur disposition des ballons de baudruche, de foot, des cartes à jouer… Ils se serviront quand cela leur semblera opportun.

Introverti

L'anniversaire idéal pour un enfant introverti est d'inviter peu d'enfants. Un, deux, trois ou quatre maximum. Le mieux étant que les parents prévoient des activités tout au long de l'après-midi afin que les invités soient animés par des jeux, des ateliers créatifs, des jeux de piste à l'extérieur, des quiz musicaux, des questions-réponses, des pêches au canard…
Ainsi, les enfants seront pris en charge par un animateur adulte qui organisera toutes sortes d'activités jusqu'au gâteau d'anniversaire.
La possibilité d'aller au cinéma pour voir un film ou un dessin animé avant de partager le gâteau d'anniversaire sera aussi très appréciée par votre enfant introverti.

ANNIVERSAIRE ADULTE

Extraverti

Comment célébrer au mieux l'anniversaire d'un adulte extraverti ? Avec une « Giga fête surprise » organisée par son compagnon ou ses amis. Et, bien sûr, une tonne d'invités !
De la musique, un DJ, un buffet où tout le monde se sert quand il a faim ou soif. Et que ça bouge ! Ne surtout pas être tous assis, figés, autour d'une table.

Introverti

N'organisez jamais d'anniversaire ou de fête surprise pour votre ami ou amoureux introverti !
Un repas ou une sortie en tête-à-tête, oui. Mais surtout pas en invitant une ribambelle de potes...
L'introverti se sentira pris au dépourvu à devoir gérer une soirée avec des copains alors qu'il n'était absolument pas prêt mentalement pour y faire face.
Une soirée saturée de gens, même si ce sont d'excellents amis, est stressante et épuisante pour lui.
D'ailleurs vous risquez d'avoir du mal à inviter autant de gens car le carnet d'adresses de votre ami introverti est plutôt épuré. S'il a plus de deux ou trois amis ce sera déjà incroyable.
L'idéal pour cet anniversaire ? Un dîner aux chandelles livré chez vous ou dans un restaurant calme et cosy, en tête-à-tête ou avec votre ou vos meilleurs amis.

CADEAU IDÉAL

Extraverti

Des objets, oui. Le cadeau idéal est aussi et surtout des moments à vivre à plusieurs et à partager, tel qu'un restaurant avec son groupe d'amis, un week-end ensemble dans une ville inconnue ou une activité sportive à faire à plusieurs.
Une place de concert debout où vous pourrez danser et chanter, une soirée karaoké, seront de très bonnes idées de cadeaux.
Mais surtout pas une après-midi Spa où l'on végète dans une piscine à bulles sans pouvoir parler car le calme et le silence sont de rigueur dans ce genre de lieu.

Introverti

Un objet, pourquoi pas. Le cadeau idéal est aussi et surtout une séance pour prendre soin de soi-même et de son corps, tel qu'un massage, un soin du visage, un cours de yoga ou de Pilates.
Le top du top étant un week-end en thalassothérapie avec des bains de diverses températures, des solariums, des saunas, des hammams, et des jacuzzis où végéter durant des heures dans le silence et les lumières tamisées. En solo ou en duo.
Pour un cadeau plus culturel : une pièce de théâtre, une séance de cinéma ou un opéra serait extrêmement bien apprécié par une personne introvertie.
Un atelier de cuisine, de couture ou de céramique serait le bienvenu aussi !

EN SOIRÉE

Extraverti

Vous êtes très à l'aise avec tous genres de discussions : que ce soit des discussions légères, sur des sujets anodins ou des échanges plus poussés et personnels.

Parler « de la pluie et du beau temps » est souvent nécessaire au début d'une relation, quand on rencontre une nouvelle personne dont on ignore les centres d'intérêts et les avis politiques.

Vous aimez aller à la rencontre des gens, que ce soit chez l'un de vos amis ou dans un endroit extérieur rempli d'inconnus.

Vous serez certainement parmi les derniers à quitter les lieux de la fête. Et s'il y a une « after » quelque part, vous serez ravi de prolonger encore la fête.

Introverti

Vous êtes plutôt réservés lors d'une rencontre avec une personne inconnue, devoir lui parler « de tout et de rien » vous semble difficile. Vous préférez rester auprès de votre meilleur ami ou avec les personnes que vous connaissez bien.
Vous serez sans doute, le dernier arrivé et le premier à partir. Car discuter sans cesse, par-dessus une musique très présente, vous épuise énormément.
Votre fête sera parfaitement réussie si vous avez pu avoir des échanges intéressants, des discussions passionnantes. Peu importe l'heure à laquelle vous êtes partis.
Vous privilégiez la qualité (des discussions) à la quantité (des heures de présence).

AMITIÉ

Extraverti

« *Plus on est de fous, plus on rit !* ».
Vous avez quantité d'amis, de copains, de connaissances et autres…
Bien sûr, vous avez aussi plusieurs meilleurs amis.
En plus, autour de vous, un grand nombre de gens orbite de près ou de loin.
Vous rencontrez régulièrement de nouvelles personnes qui ne cessent d'agrandir votre répertoire.

Introverti

Vous ne jurez que par l'amitié durable, sincère et profonde. Sans doute avez-vous rencontré votre meilleur ami à l'école élémentaire ou même durant votre petite enfance. Avec vous, les liens traversent le temps et se soudent. Vous ne cherchez pas particulièrement à rencontrer de nouvelles personnes. C'est plutôt difficile pour vous d'aller vers un inconnu, même lors d'une soirée chez des gens que vous connaissez bien.
Vous avez peu d'amis, mais ceux qui sont dans votre vie sont uniques, précieux et dignes de confiance.

COUPLE EXTRA-INTRO

Extraverti

Un très bon mixte d'énergies et de discussions ! L'extraverti apporte la vie et l'animation que l'introverti peine souvent à faire émerger dans une relation.

En revanche, il peut y avoir beaucoup de tensions puisque vos besoins de socialisation sont diamétralement opposés... Vous souhaitez voir des gens tous les jours, tandis que votre conjoint introverti aspire au calme et à la solitude.

Ce duo fonctionnera d'autant mieux si vous n'êtes pas, ou plus, un couple fusionnel. Ainsi, avec confiance et décontraction, vous serez tous les deux libres de passer vos soirées comme vous le souhaitez, même si c'est chacun dans un endroit différent. Vous vous retrouverez avec joie et bonheur pour vous raconter vos activités et rencontres respectives.

Introverti

L'introverti aime les relations avec un extraverti car vous vous complétez à merveille. Les discussions sont légères et fluides avec votre conjoint extraverti.
Par contre, il vous faudra vous affirmer pour ne pas le suivre dans toutes ses soirées et rencontres amicales, car votre compagnon extraverti sera persuadé que vous serez plus heureux en soirée avec lui, plutôt que seul chez vous…
Il lui faudra prendre du temps pour réellement intégrer que vous avez ce besoin vital de tranquillité et de solitude. Cela peut nécessiter des années pour qu'il conçoive cette particularité qui vous oppose. Pour autant, une fois que ce sera fait, et que votre conjoint extraverti l'acceptera, vous formerez un couple harmonieux et riche de vos différences.

COUPLE EXTRA-EXTRA

Extraverti

Passionnant mais éreintant !
À ce rythme, vous ne tiendrez pas très longtemps…
Il n'y en a pas un pour calmer l'autre. Vos discussions sont intéressantes et sans fin.
Il vous faut tout de même dormir et vous reposer d'une manière ou d'une autre.
Votre foyer est une auberge espagnole. Il y a sans cesse du monde chez vous. Finalement, vous n'êtes que rarement tous les deux. Et tant mieux, plus on est de fous, plus on rigole !
Vous êtes parfaitement d'accord sur ce point là.
Des fêtes tous les soirs, des invités dans toutes les pièces, voilà votre vie et votre idéal de vie.

Introverti

Voir couple
EXTRA-INTRO et INTRO-INTRO.

COUPLE INTRO-INTRO

Extraverti

Voir couple
EXTRA-INTRO et EXTRA-EXTRA.

Introverti

Une relation relaxante et zen, mais il est possible que vous vous ennuyiez à la longue.
Vous vous complaisez dans votre duo. Vous pourriez vivre en autarcie complète, coupés du monde, si cela était possible.
Vos discussions sont sporadiques et en pointillés mais passionnantes. Vous aimez être chacun dans une pièce différente de votre logement et vous retrouver à certains moments de la journée.
Le calme et l'introspection règnent chez vous. Et cela vous va parfaitement.

ENTERREMENT DE VIE DE GARÇON/ DE JEUNE FILLE

Extraverti

Rien que pour pouvoir vivre cela, la personne extravertie serait prête à se marier !

Une fête en son honneur, rassemblant ses meilleurs potes pour rire, s'amuser et profiter de la vie tous ensemble, c'est le rêve !

Cela vous fera bien marrer d'enfiler un costume d'ours en peluche ou de ballerine, en chantant la marseillaise au milieu de la place publique ou de faire une déclaration d'amour à un lampadaire allumé.

De merveilleux souvenirs en perspective ! Et puis, vous aimez être le clou du spectacle, cela vous redonne le moral.

Introverti

Rien que pour éviter cela, la personne introvertie serait prête à ne PAS se marier !
Déjà, cela risque d'être compliqué de trouver un nombre d'invités dépassant trois personnes… Vous avez toujours priorisé les relations exclusives et intenses plutôt que de vous « disperser » dans de nombreuses relations amicales plus ou moins poussées.
Donc, réaliser un enterrement de vie de garçon ou de jeune fille à trois, ce sera moins folklorique que ce qu'on imagine. Mais possible tout de même.
L'idéal pour vous serait d'organiser une soirée restaurant en petit comité pour parler de vos projets de mariage et des beaux souvenirs du temps passé. Et surtout pour ne pas être au centre de l'animation à devoir faire des épreuves absurdes ou des discours loufoques déguisé en fée au milieu d'un parc bondé…

MARIAGE

Extraverti

Waouh, vous attendez ce grand jour avec impatience !
Réunir tous vos amis et votre famille autour de vous durant une longue journée, ce sera merveilleux.
Bien trop court même. Vivement que votre mariage se déroule sur un week-end, en commençant le samedi matin par la cérémonie officielle, suivi d'un apéro, puis du banquet qui se prolongera par la soirée dansante. Et rebelote le lendemain pour les invités venus de loin, avec un repas du midi plus simple mais convivial. Cela permettra de prolonger les retrouvailles avec vos innombrables copains que vous n'avez décidément plus vraiment le temps de voir depuis que vous travaillez à temps plein.

Introverti

Bon, quand il faut, il faut. Vous vous apprêtez à passer ce grand jour avec le sourire et une mine radieuse. Pourtant, le soir même, vous serez lessivé ! Être ainsi au cœur des conversations et le centre de toutes les attentions vous fatigue énormément. Même si vous adorez les convives qui y sont invités, cela vous parait comme une immense épreuve à passer.
Heureusement, vous allez organiser les différents discours de vos proches, le montage vidéo de votre enfance et celui de votre conjoint et tant d'autres intermèdes ludiques pour combler les moments creux du banquet qui durera plusieurs heures.
Ouf ! Vous pourrez vous ressourcer le temps de ces interludes salvateurs où vous n'êtes pas obligé de parler à vos invités.
Le lendemain devrait être réservé à une journée en amoureux. Surtout, il ne faudrait pas prolonger les festivités en organisant un second repas plus informel avec les invités qui seraient restés dans les environs. Cela vous épuiserait totalement malgré la joie d'être à leurs côtés.

RENCONTRE

Extraverti

Vous allez régulièrement à la rencontre des autres, que ce soit vers ceux que vous connaissez, dans votre classe, au travail ou à la maison. Vous allez vers les gens pour entamer une discussion, poser des questions sur leur journée ou leur faire part d'un problème.
Lors de fêtes, de soirées ou de sorties, vous aimez rencontrer de nouvelles personnes. Votre liste de contacts ne cessera jamais de s'allonger !
Sachez que si vous voyez une personne qui semble timide et renfermée dans son coin, n'hésitez pas à faire le premier pas vers elle. Elle en sera très probablement enchantée. Surtout s'il s'agit d'une personne introvertie qui a du mal à aller vers les gens qu'elle ne connaît pas. Pourtant, il est probable qu'elle en meure d'envie et qu'elle aimerait rencontrer plus de gens.

Introverti

Vous serez rarement l'initiateur d'une rencontre avec un ou une inconnue. Franchement, vous ne vous sentez pas à l'aise avec ça. Par contre, si quelqu'un ose franchir ce premier pas et venir discuter avec vous, vous l'accueillerez avec joie et enthousiasme. Vous êtes juste terrorisé à l'idée d'entamer une discussion avec un inconnu…
Ou alors, vous n'y pensez pas, tout simplement. Vous êtes parfaitement en harmonie dans votre bulle personnelle et silencieuse et vous n'avez aucun besoin de discuter. Toutefois, si quelqu'un a envie de faire connaissance avec vous, pourquoi pas ! Mais vous ne serez pas vraiment détendu, cela vous coûtera pas mal d'énergie. Toutefois, il faut bien passer par là pour sociabiliser.

DISCUSSION

Extraverti

Vous adorez parler, c'est votre raison d'être ! Vous êtes capable de tenir une discussion durant des heures, toute la journée ou toute la nuit si l'occasion se présente.

Mais attention, cela ne veut pas dire que vous ne savez pas écouter les autres ni leur laisser la place de s'exprimer, non. Vous aimez échanger, donner votre avis et entendre celui de votre interlocuteur. C'est ainsi que se font les bonnes discussions : chacun donne son point de vue et le débat peut se poursuivre indéfiniment.

Certains extravertis sont toutefois réellement bavards et pourraient oublier de se taire pour laisser l'autre parler… Surtout si vous êtes face à un introverti, sachez qu'il aura vraiment beaucoup de mal à s'insérer dans la conversation, à imposer sa voix. Observez cela et facilitez-lui la tâche, la conversation n'en sera que plus riche.

Soyez aussi vigilants pour ne pas interrompre trop souvent et trop tôt votre interlocuteur. Car certaines personnes prennent du temps pour développer leur idée, il peut y avoir un moment de silence pour construire leur raisonnement. Il est important que chacun puisse aller au bout de sa logique et de ses phrases.

Introverti

Vous adorez le silence et l'introspection. Pour autant, vous aimez aussi parler de temps en temps.
Surtout avec des gens qui vous mettent en confiance, que vous connaissez bien. Cependant, ce ne sera pas durant des heures car vous avez besoin de vous taire pour vous ressourcer.
D'ailleurs, si vous n'avez pas l'occasion de parler alors vous vous exprimerez dans votre journal intime, dans une lettre, un mail ou face caméra pour transmettre un message à la société.
Vous êtes de ceux qui avez ouvert une chaîne Youtube car vous avez beaucoup de choses à dire mais vous n'êtes pas très à l'aise pour le dire face à quelqu'un.
Ainsi, vous aimez passer du temps seul chez vous, pour écrire, chanter, tourner une vidéo, la monter puis la mettre en ligne.
Votre univers intérieur est riche, vous avez envie de le partager au monde.

CHANGEMENT D'HABITUDES

Extraverti

Si un extraverti se comporte soudainement et durablement comme un introverti, s'il reste chez lui, refuse de sortir ou de voir du monde, là, vous pouvez vous inquiéter pour lui…
Peut-être qu'il est en train de vivre une dépression car il coupe son rapport aux autres et rompt son contact avec le monde extérieur alors qu'il en a pourtant besoin. Sa batterie sociale ne se charge plus, il perd son énergie sans parvenir à la renouveler puisqu'il ne se recharge pas tout seul mais en côtoyant les autres gens. Pour aller mieux, il devrait entreprendre des changements dans sa vie : changer de travail, quitter son conjoint, déménager, partir en vacances, s'installer dans une nouvelle ville, un nouveau pays ? Pour guérir sa dépression, il devra se poser les bonnes questions, comprendre ce qui n'est pas en harmonie dans sa vie, éliminer les gens toxiques de son entourage, faire le tri parmi les gens qu'il voit et en finir avec les mauvaises habitudes, les addictions qui le maintiennent dans la déprime et la morosité.
Peut-être a-t-il attendu trop longtemps avant de faire une profonde et sincère introspection. Ayant repoussé indéfiniment les moments de solitude qui auraient pu lui permettre de s'interroger sur le sens de sa vie, son couple, son travail.
La vie finira toujours par se rappeler à nous en nous forçant à revoir le sens de nos priorités.

Introverti

Si un introverti se met à sortir en soirée exagérément par rapport à ses habitudes, s'il évite de se retrouver seul en s'arrangeant pour être constamment dans l'agitation et les rencontres sociales, là, vous pouvez vous inquiéter pour lui…
Cela ne ressemble pas à ses habitudes, il évite la solitude qui pourtant est l'unique moyen pour lui de recharger ses batteries. Pourquoi ?
Vit-il un échec professionnel, une violente déception amoureuse ? A-t-il un souci de santé qui l'angoisse profondément ?
Sort-il constamment pour plaire ou se soumettre à l'autorité de son conjoint, malgré lui ?
L'introverti qui vit comme un extraverti ne pourra tenir longtemps à ce rythme puisque ses batteries ne se rechargent que lorsqu'il est seul. Il finira exténué, vidé et irascible s'il se comporte trop longtemps comme un extraverti.

MAISON

Extraverti

Vous vous sentez parfaitement bien dans un logement qui est au cœur d'une grande ville animée.
L'idéal ? Être le moins souvent possible chez vous. Et le plus souvent à l'extérieur avec des potes. Même vos collègues vous manquent quand les vacances se prolongent trop longtemps, surtout si vous n'avez pas prévu de partir en voyage quelque part avec des amis.
Le pire ? Le télétravail. Un peu oui, pour pouvoir faire la grasse-matinée, mais excepté cela, vous préférez la cantine du boulot et la machine à café pour pouvoir bavarder dès que vous avez une pause.

Introverti

Vous vous sentez bien dans un logement spacieux et confortable car vous allez y passer énormément de temps. Un jardin sera le bienvenu, même si vous préférez le regarder depuis votre fenêtre plutôt que d'y passer réellement du temps.
Une grande pièce joliment aménagée et décorée, des bougies parfumées, de l'encens, une décoration travaillée, voilà qui vous fait vous sentir à l'aise chez vous.
De la belle vaisselle pour vos repas, de beaux tissus à vos fenêtres et sur vos fauteuils, un vrai petit nid douillet où vous aimez traîner les jours de congé.
L'idéal ? Le télétravail pour ne plus avoir à quitter votre cocon intérieur.
D'ailleurs vous aimez vivre à la campagne, à la montagne, en bord de mer ou dans des villages calmes et excentrés.

VOYAGE

Extraverti

Vite, maintenant que vous avez des vacances prévues, il vous faut trouver des copains pour vous accompagner !
Les vacances, c'est bien. Les amis en vacances, voilà qui est beaucoup mieux.
En couple, entre amis ou avec une bande de copains, ce sera la base pour passer d'excellents moments. Fous rires et bonne humeur garantis !

Introverti

Bon, les vacances en famille, ce sera sympa mais dès que vous le pourrez, vous vous éclipserez pour faire des courses, vous reposer dans le hamac ou lire un livre sur un transat. Bref, dès que ce sera possible, vous essayerez d'être seul pour pouvoir réellement vous reposer et profiter de vos vacances.
L'idéal ? Prendre une chambre d'hôtel dans une ville sympa et y passer quelques jours en solo !
Si c'est envisageable, vous le ferez très souvent.
En couple, ce sera bien aussi mais il vous faudra des moments de solitude où votre conjoint devra s'occuper de son côté. Sinon, vous rentrerez épuisés de vos vacances et ce n'est, certes, pas le concept…

CINEMA

Extraverti

Vous aimez le cinéma surtout pour partager un bon moment entre amis. Jamais il ne vous viendrait à l'idée de visionner un film seul dans une salle obscure.
À dire vrai, peu importe le film, pourvu qu'il y ait vos potes.
Vous regardez quelques fois des films à la télévision mais, vraiment, ce n'est pas une priorité pour vous. Et vous ne pensez pas souvent à faire cette activité qui vous retient assis, seul, chez vous, pendant presque deux heures.
Il y aura toujours d'autres activités qui seront prioritaires sur ce passe-temps.

Introverti

Vous adorez les films et le cinéma aussi !
C'est une activité que vous aimez bien faire avec des amis, car vous êtes avec eux tout en vous ressourçant en visionnant un bon film.
Si vous avez très envie d'aller au cinéma et que personne n'est disponible pour vous y accompagner, cela ne vous pose aucun problème.
Vous y allez seul et c'est un pur régal !
Vous êtes cinéphile et adorez consacrer vos soirées à découvrir de nouveaux réalisateurs, d'excellents acteurs ou de merveilleuses histoires.
Souvent néanmoins, vous préférez louer un DVD pour le visionner dans votre salon, seul et sans devoir sortir, plutôt que de voir le même film en grand écran mais entouré d'inconnus…

CONCERT

Extraverti

Pareil que pour le cinéma. Vous aimez aller voir un concert, du moment que vous êtes accompagnés. C'est l'expérience humaine qui prime. Et si vous avez l'occasion, en plus, de rencontrer de nouvelles personnes là-bas, ce serait l'idéal.

Vous adorez les concerts debout dans la fosse, bien en face du groupe de musiciens. Ainsi, vous pouvez chanter, hurler et danser tout au long du spectacle, le pied !

Vous n'avez pas peur d'être bousculé par les autres spectateurs, tant mieux, cela signifie que l'ambiance est bonne et cela vous permettra même de faire des rencontres…

Introverti

Vous préférez un concert avec des places précises réservées à l'avance. Assis et plutôt éloigné de la scène, car les baffles vous cassent les oreilles…
Si vous dansez, ce sera à fond mais pas longtemps car vous aurez tout donné en vous défoulant, ensuite, vous en serez épuisé.
Vous appréciez les concerts, mais uniquement ceux de votre chanteur favori ou de votre groupe préféré. Vous n'avez pas vraiment envie de payer une fortune pour aller dans une salle bondée écouter un chanteur inconnu dont vous n'êtes pas absolument certain d'apprécier les œuvres.
Dans les salles de concert, vous vous sentez à l'étroit, le son est souvent beaucoup trop fort (vous prenez toujours des boules Quies ou un casque anti-bruit) et vous n'êtes pas vraiment à l'aise dans ce genre d'endroit : trop de monde, trop de bousculades si c'est un concert debout ou un festival.

MUSIQUE

Extraverti

Point de vue musical, vous appréciez mettre une bonne playlist lorsque vous invitez des gens chez vous. Vous êtes le spécialiste de la bonne ambiance qui met tout le monde à l'aise.
Vous adorez aussi parler de la musique pendant que vous l'écoutez, de la décrire à un novice, de lui montrer les moments forts du morceau, d'expliquer l'histoire de la création du groupe ou de cet album en particulier. Vous aimez en faire un cours magistral de musicologie et un temps de partage autour du ce sujet tout en l'écoutant.

Introverti

Vous adorez écouter de la musique ! À tel point, que vous avez votre casque audio sur votre lieu de travail. Dès qu'il y a trop de bruits ou des conversations qui vous dérangent dans l'open-space, vous sortez votre casque et faites démarrer votre lecteur.
Rien de tel que votre chaine hifi à la maison pour dérouler la bande son qui vous plaît sans être dérangé par personne. Et surtout, quand vous écoutez vos morceaux favoris, il ne vaudrait mieux pas vous interrompre par du bavardage : écouter, c'est sacré et ça se fait en silence.

SPORT

Extraverti

Votre sport favori est un sport d'équipe ! En duo ou à plusieurs, ce sera un excellent moment de dépense physique et de camaraderie.
L'été, vous aimez aussi les sports de plage : beach-volley, jeux de raquettes…
L'hiver, c'est vers les randonnées en ski de fond, le snowboard, le ski en montagne avec séjour dans un chalet entre amis ou en famille.
Et le reste de l'année, l'escalade en intérieur ou en extérieur, les promenades dans la nature, vélo, tennis, badminton, foot et volley. Enfin tous les sports d'équipe.
Seul, vous vous ennuieriez et vous ne seriez pas aussi motivé de vous y rendre chaque semaine.
Vous aimez aussi les cours de danse en duo, avec un partenaire : flamenco, tango, acroyoga…

Introverti

Quand vous faites du sport, vous y allez à votre rythme, à votre manière et quand cela vous arrange. Vos sports préférés sont la marche à pied en ville ou à la campagne, la natation, la danse…
Courir avec vos écouteurs est aussi un de vos sports favoris. C'est votre petit moment perso : qu'on ne vous dérange sous aucun prétexte !
Enfin vous êtes férus des sports que vous pouvez faire en solo tels que le yoga, le tai-chi… Ou dans un groupe sans pour autant que les interactions entre les membres de ce groupe soient nécessaires. Par exemple, un cours de danse orientale ou de hip-hop ne nécessite aucun partenaire. Il suffit d'écouter les explications du professeur.

TÉLÉPHONE

Extraverti

Le téléphone est le prolongement du bras d'un extraverti ! Il adore papoter avec ses amis en vrai ou au téléphone.
Certains extravertis, dès que c'est possible, enchaînent les appels les uns après les autres. Ils pourraient passer leur soirée à discuter sur leur portable.
Enfin, ils préféreront toujours une véritable rencontre, toutefois s'il leur est impossible de voir quelqu'un, heureusement, il leur reste le téléphone.

Introverti

L'introverti déteste le téléphone ! Pour quelques messages en texto, cela passe, dans ce cas, le téléphone se révèle bien pratique. En revanche, quand la sonnerie retentit… C'est la panique à bord !

« *Je ne suis pas là* », se convainc la personne introvertie. « *Je suis trop occupé pour prendre un appel maintenant* », « *Ce n'est certainement pas important* », « *Celui qui m'appelle m'enverra plutôt un mail* », se répète-t-elle tandis que le cri strident de son appareil retentit.

La personne introvertie n'est pas à l'aise au bout du fil : doit-elle prolonger la conversation ? Doit-elle aller directement à la raison de son appel ? Est-ce terminé ou continue-t-on encore à papoter ? Pourquoi téléphoner pendant un quart d'heure alors que la raison de l'appel pouvait tenir en une ligne dans un mail ?

Bref, l'introverti fera tout pour éviter d'utiliser cet appareil.

Excepté sans doute pour des coups de fil d'ordre impersonnel ou professionnel (prise de rendez-vous, commande d'un plat à emporter…) car dans ces cas, il n'y a rien de relationnel et tout est clair, rapide et concis. Toutefois, il préférera quand même faire cela par écrit plutôt que par oral.

MESSAGE

Extraverti

Par téléphone ou à l'oral, vous préférez une bonne discussion (même courte) quand vous avez un message à faire passer à quelqu'un. C'est tellement plus rapide, facile et efficace.
Lorsque vous devez écrire une lettre, vous êtes maladroit, mal à l'aise… Ce n'est pas dans vos habitudes et vous ferez tout pour l'éviter. Que dire à une feuille blanche ? Que choisir comme formulation, comme introduction, comme conclusion ?
Franchement, selon vous, les conversations sont beaucoup plus appropriées pour transmettre l'information.
D'ailleurs vous n'aimez pas écrire des lettres, mais vous n'aimez pas non plus en lire une.

Introverti

Rien de tel pour vous de vous poser à votre bureau, de choisir un beau papier et d'écrire de votre plus jolie plume, quand vous avez quelque chose sur le cœur !
D'ailleurs, vous tenez très probablement un journal intime depuis votre jeune âge. Ces cahiers vous ont tellement aidé lorsque vous traversiez des périodes difficiles, des moments de rage ou de tristesse…
Écrire à tête reposée, dans une pièce confortable où vous êtes seul, est vraiment parfait pour vous. Les mots s'enchaînent, les idées fusent et vous n'êtes dérangé par personne le temps de mettre à plat vos ressentis et votre message.
Vous adorez écrire et vous adorez tout autant lire et recevoir des lettres ! Vous prendrez plaisir à toutes les conserver et à les relire quand vous en aurez le temps et l'envie… Peut-être même dans dix ans, cela vous fera encore plaisir de retrouver ces traces du passé. Les écrits sont importants selon vous. Les livres, les lettres et même les mails.

INTERNET

Extraverti

Bof, internet a réduit considérablement vos relations sociales. Avant, les gens étaient forcés de sortir à la rencontre des autres pour sociabiliser. Maintenant, tout le monde peut être en relation sans même quitter son canapé !
Ce n'est pas très positif, selon vous. Et vous aimez préserver les moments humains et conviviaux avec des personnes « In Real Life ».

Introverti

La naissance d'internet a changé la vie des introvertis !
Maintenant, grâce aux mails, aux réseaux sociaux et aux sites de rencontres, les introvertis peuvent communiquer facilement même depuis chez eux.
Ils peuvent, en un « clic », se faire livrer leurs courses, commander un plat à emporter, prendre rendez-vous chez un professionnel de la santé, régler leur facture, envoyer un CV, obtenir toutes sortes d'informations, acheter des tickets, organiser leurs vacances…

RENCONTRE SURPRISE DANS LA RUE

Extraverti

Quelle joie de tomber sur un ami dans la rue, par pur hasard !
C'est assez exceptionnel pour s'arrêter et discuter un bon moment. Si vous êtes tous les deux disponibles, vous pourriez même aller boire un café improvisé au bar du coin.
Vous adorez ce genre de surprises agréables.

Introverti

Oups… Vous n'aviez pas du tout prévu de parler à quelqu'un ici et maintenant.
Ce n'est pas que vous êtes pressés, non, vous avez même le temps de discuter vingt minutes.
Ce n'est pas non plus que vous n'aimez pas cette personne, au contraire, vous l'appréciez beaucoup. Et justement, vous ne voulez pas la décevoir car vous n'avez pas envie de sociabiliser avec quelqu'un maintenant. Vous êtes dans votre bulle et vous avez envie d'y rester puis de vite rentrer chez vous, en solo.
Discrètement, vous penchez la tête vers l'avant afin de cacher votre visage par une longue mèche de cheveux ou mieux encore, vous changez de trottoir ou d'itinéraire, quitte à faire un détour plus long, cela ne vous dérange pas, vous préférez même.
En outre, vous détestez faire des discussions rapides et anodines, le temps de rejoindre le métro ou d'arriver à destination. C'est comme prendre l'ascenseur quand il y a déjà quelqu'un dedans… Cela vous met très mal à l'aise, que vous connaissiez la personne ou que ce soit un inconnu, discuter quelques minutes avant de vous séparer ne permet pas d'approfondir un sujet comme vous aimez et savez le faire. Par conséquent, vous préférez ne rien dire du tout.

NOTORIÉTÉ

Extraverti

S'il vous arrivait d'être célèbre, vous en seriez ravi ! Vous prendriez un réel plaisir à faire des conférences, des interviews, des dédicaces pour rencontrer vos fans.
Répondre aux questions d'un journaliste vous réjouirait.
Et croiser un fan dans la rue serait presque toujours un bon moment, le temps de faire une belle photo, d'échanger quelques mots et de se dire au revoir.

Introverti

Mon Dieu ! Heureusement que vous n'êtes pas célèbre ! Quelle angoisse si vous deviez faire bonne figure à n'importe quel moment de la journée, peu importe le lieu, face à un ou plusieurs fans qui vous auraient reconnu…
Être sympa avec eux ? Leur signifier que vous êtes pressés et que vous n'avez pas le temps de faire un selfie en leur compagnie ni l'énergie pour discuter ?
Sincèrement, toutes ces situations vous rendraient très mal à l'aise. Sans parler des conférences où tout le public est venu pour vous écouter ! Ni des interviews radios ou télévisées où un journaliste vous interroge en direct.
Idem pour les soirées entre les gens notables de votre profession. Vous les éviteriez car ce genre de fêtes où vous ne connaissez personnes vous angoisserait plus qu'autre chose.
Si vous deviez être célèbre, vous choisiriez sans hésiter d'utiliser un pseudonyme et de rester anonyme !

LA PLUIE

Extraverti

La pluie vous mine le moral... Vous n'êtes pas une plante, vous n'y voyez aucun avantage mais que des inconvénients. Ce temps maussade qui vous bloque à l'intérieur vous désespère. Pourvu que ces nuages noirs soient vite relégués au passé. Le soleil vous stimule tellement plus et les perspectives qu'il donne de faire la fête et prendre un verre en terrasse, vous émerveillent.

Introverti

Vous aimez quand il pleut et qu'il fait gris. Ou, en tout cas, cela ne vous incommode pas du tout.
Pourquoi ? Car vous vous sentez si bien chez vous, d'autant plus quand le temps à l'extérieur est maussade.
La pluie vous pousse à rester dans votre logement, avec une tasse de thé fumante ou un chocolat chaud, sous votre plaid en pilou, devant votre livre favori ou un bon film.

L'ÉTÉ

Extraverti

Ô joie ! Ô bonheur ! Voilà la belle saison qui est de retour !
Vous ne savez plus où donner de la tête tellement les invitations et les propositions de fêtes et d'activités sont nombreuses. Vous en acceptez le plus possible.
Se rendre à plusieurs fêtes lors d'une même soirée est carrément génial !
Vous filez de l'une à l'autre afin que jamais ne s'arrêtent vos rencontres, les éclats de rire et les moments de partage en groupe. Là, vous êtes totalement dans votre élément.

Introverti

C'est sympa l'été : le soleil, le ciel bleu, les balades au grand air. Mais cette saison vous épuise car il y a trop de fêtes, trop de soirées où vous êtes invité et où vous n'osez pas toujours refuser l'invitation. Des concerts, des projections de film en plein air, des soirées chez les amis, des sorties au restaurant… À ce rythme, vous serez très vite épuisé…
Et puis, vous vous sentez plutôt mal de rester tranquillement chez vous alors que l'animation est intense dans les rues du centre-ville et chez vos copains.
Heureusement que le soleil vous réchauffe le corps et le cœur, qu'il vous nourrit de l'intérieur, cela vous redonne l'énergie que vous dépensez lors de vos nombreuses activités en collectivité.

L'HIVER

Extraverti

Quel ennui pour vous…
Personne n'est motivé pour sortir boire un café. Il fait trop froid et le ciel devient nuit dès dix-huit heures. Cela vous mine le moral, vous êtes déprimé…
Vous regrettez ce temps béni estival où tout le monde est en terrasse ou assis dans l'herbe fraîche des parcs.
Où sont passés les festivals musicaux en plein air ? Les soirées si nombreuses chez vos amis ? Les invitations qui fusaient de toutes parts à vous en donner le tournis au moment d'en sélectionner une ?
Plus rien ne se passe, ou à peine. Vous tournez en rond, seul chez vous, comme un lion en cage. Personne d'autre n'a donc envie d'organiser une fête ou un apéritif ?
Quelle saison morose, quelle perte de temps pour vous. Vivement le printemps, que toute cette socialisation puisse reprendre !

Introverti

Vous aimez l'ambiance cosy à l'intérieur, les radiateurs qui vous réchauffent de leur douce chaleur ou mieux encore : le feu dans la cheminée ou le poêle !
C'est le moment d'installer quelques bougies sur la table ou des guirlandes lumineuses qui égayent votre salon ou votre chambre si confortable.
La neige dehors, qui tombe en tournoyant, ou même la pluie qui tambourine contre la vitre, tout cela vous met en joie. C'est beau, c'est calme, le temps semble s'être arrêté.
Et vous êtes si bien chez vous alors que la tempête fait rage à l'extérieur.
L'hiver est la saison qui vous ressemble : vous hibernez, vous sortez moins qu'en été. Vous profitez de votre logement et vous consacrez du temps pour vous, à lire, à écrire, à jouer d'un instrument de musique ou à concocter des plats délicieux.
Vive l'hiver !

SÉRIES TÉLÉVISÉES

Extraverti

Bof... Vous n'aimez pas spécialement les séries télévisées. Sauf si c'est pour les visionner avec vos potes ou voir l'un ou l'autre des meilleurs épisodes afin de pouvoir en discuter quand le sujet viendra sur le tapi.
Déjà que vous n'êtes pas un grand consommateur de films, alors les séries qui tirent volontairement en longueur, vous n'y pensez même pas. Que de précieux temps perdu...
Franchement, vous avez tellement mieux à faire et à vivre.

Introverti

Les séries télévisées sont votre péché mignon… Vous pourriez en consommer durant des heures, surtout quand elles sont drôles, sympas ou magnifiquement réalisées !
Vous avez, au moins, un abonnement de streaming et vous savez le rentabiliser comme personne.
Vous aimez découvrir de nouvelles histoires, de nouveaux challenges que vos personnages préférés vont devoir réussir. Vous adorez aussi ces longs récits où les scénaristes peuvent prendre le temps de développer leurs personnages en profondeur. Comparée à la concision d'un film, la série possède de nombreuses ramifications et complexités que seule une durée illimitée peut offrir.

CE QUE VOUS PENSEZ L'UN DE L'AUTRE

Extraverti

Vous pensez que les introvertis ont un gros problème, voire une pathologie. Vous aimeriez les aider car vous êtes sûr de savoir ce qui est bénéfique pour eux.
Si votre conjoint est introverti, vous mettez un point d'honneur à le motiver pour qu'il vous accompagne à chacune de vos sorties entre amis. Il est toujours un peu réticent, sans doute sujet à une immense flemme, mais vous êtes persuadé qu'une fois à la fête, il sera aux anges.
Vous êtes toujours ennuyé quand votre conjoint insiste pour partir de la soirée alors que vous y seriez resté encore plusieurs heures tellement vous vous y sentez bien.
Sans doute, est-il épuisé de sa semaine de travail mais s'il profitait un peu plus longtemps de cette bonne ambiance entre copains, cela lui ferait le plus grand bien !
Pourtant, vous faites erreur sur toute la ligne…

Introverti

Vous pensez que les extravertis évitent la solitude car ils refusent de faire face à leur monde intérieur.
Vous aimeriez empêcher votre conjoint extraverti de sortir chaque soir voir des potes, car vous êtes sûr qu'il aurait besoin de temps pour lui, au calme.
Ce n'est pas normal, selon vous, d'avoir autant envie de voir des gens, de n'être jamais rassasié socialement, même après un week-end entre amis !
Quand les invités s'apprêtent à partir de chez vous, votre conjoint extraverti prolonge la conversation et en enchaîne encore et encore afin de retarder leur départ.
Quand, enfin, les amis ont enfilés leurs manteaux et qu'ils se dirigent vers leur voiture, votre compagnon extraverti les accompagne jusqu'à leur portière pour grailler encore quelques minutes de discussion. Quelle soif insatiable !
Qu'évite-t-il à tout prix en ayant si peur de leur départ prématuré ? Vous estimez que ce n'est pas un comportement sain et apaisé.
Erreur sur toute la ligne aussi...

CE QUE VOUS PENSEZ DE VOUS-MÊMES

Extraverti

Je suis normal et complètement adapté et intégré dans cette société !
Ce mode de vie m'épanouit et je me sens bien, à ma place.

Introverti

Je suis bizarre, différent des autres… Je ne me sens jamais vraiment à ma place dans cette société.
J'aimerais tellement pouvoir rester seul chez moi sans que je me sente fautif ou marginal, et sans que les autres pensent que j'ai un problème…
Mais j'adorerais pouvoir rester des heures en compagnie d'autres personnes pour discuter et rire toute la soirée. Pourquoi suis-je autant fatigué quand je passe du temps avec les gens, même ceux que j'aime plus que tout au monde ?!
Quel est mon problème ?

LE SILENCE

Extraverti

Vous appréciez le silence de temps à autre. Après tout, vous avez aussi besoin de calme et de moments juste pour vous, même si ceux-ci sont rares.

Introverti

Le silence est vital pour vous. À grande dose et quotidiennement si possible !
Le silence est devenu un luxe dans notre mode de vie citadin et moderne : les avions, les bus, les voitures, les ambulances, la musique des bars ou des voisins, les voix, les cris, les aboiements de chiens… Vos oreilles sont sans cesse agressées par des bruits parasites plus ou moins forts.
Vive la campagne et les balades en pleine nature ! Là-bas, le chant mélodieux des oiseaux, le sifflement léger du vent, le ressac des vagues vous procurent une paix totale et un bien-être à nul autre pareil.

LES SILENCES

Extraverti

Les silences dans les conversations, les « blancs » ne vous dérangent absolument pas. Ils sont naturels, anodins et passagers.
Vous êtes à l'aise en compagnie d'autres gens, avec ou sans parole.
C'est même le moment idéal pour lancer une petite blague : « Un ange passe ou quoi, les gars ? ». Ou de parler du dernier livre que vous avez lu. Est-ce celui-ci ?!

Introverti

Vous détestez les silences quand vous êtes avec quelqu'un !
Cela vous met terriblement mal à l'aise et vous avez envie de partir et de rentrer chez vous.
Un blanc qui persiste un peu trop longtemps dans la conversation ? Et c'est le signal pour vous que la rencontre s'achève, qu'il est temps pour chacun de rentrer à la maison.
Vous préférez dire n'importe quelle banalité ou idiotie (au risque de vous en vouloir juste après) plutôt que de rester silencieusement à se regarder dans le blanc de l'œil…

JEUX VIDÉOS

Extraverti

Pareil que pour les séries télévisées, les jeux vidéos ne sont pas votre passe-temps de prédilection… Vous vous y êtes un peu mis pour faire comme les autres, mais vous avez d'autres préférences pour vos temps libre.
Même en jouant avec des copains, cela ne vous procure pas réellement du plaisir, car vous préféreriez simplement discuter autour d'un repas ou de n'importe quelle autre activité collective.

Introverti

Pareil que pour les séries télévisées, les jeux vidéos sont un de vos passe-temps préférés !
C'est sûr que ce n'est pas eux qui vous pousseront à sortir à la rencontre d'autres gens...
Et puis, il s'agit aussi de rencontres, car vous jouez avec des personnes en ligne, même si vous ne vous êtes jamais vus « In Real Life ».
Pour vous, les jeux vidéos sont une manière de sociabiliser même à distance. Ainsi, vous n'êtes pas tout à fait seul.

RESTAURANT

Extraverti

Génial ! Une soirée au restaurant ! Encore un bon moment entre amis en perspective !
Ce que vous allez y manger ? Bah, peu importe. Tout vous ira, pourvu que vous êtes bien entouré et nombreux autour de la table.
Vous préférez un plat simple et convivial où tout le monde peut manger à sa faim plutôt qu'un met gastronomique, compliqué et élaboré. L'important n'est pas « ce » qu'il y a dans votre assiette, mais « qui » partage ce repas avec vous.

Introverti

Le restaurant idéal serait dans une ambiance calme et tamisée où vous pourriez savourer à votre aise et en silence un met délicat et finement recherché.

Vous aimez la nourriture gastronomique et complexe, or pour l'apprécier réellement, il faudrait être seul car devoir mener une conversation en même temps ne vous permettra pas de profiter pleinement de votre dégustation.

Ou alors, vous y allez en groupe et d'autres personnes mènent la discussion pendant que vous vous régalez.

L'important en tout cas est le précieux trésor qui se trouve dans les plats, c'est à cela que sert un restaurant, n'est-ce pas ?

DANS LA COLLECTION « QUI SUIS-JE ? » :

Toxique - Empathique
Hypersensible - Hyposensible
Asexuel - Sexuel
Polyamoureux - Exclusif

AUTRES OUVRAGES DE L'AUTEUR :

Le dernier conte
— Be Light Editions

La licorne de Nazareth
— BOD Editions

L'éveil de la rose : En quête d'une sexualité consciente.
— BOD Editions

Mais que pensent les Méduses ?
— Amazon Editions

Jack l'Éventreur n'est pas un homme
— BOD Editions

Mon cahier de Mantras à colorier
— BOD Editions

D'Homo Sapiens à Homo Deus : Comment finaliser l'évolution de l'humain ? — BOD Editions

Le petit livre des Mantras à murmurer
— BOD Editions